Ein Genuß ohne Ende

sind Spaghetti, weil sie schnell und einfach
zubereitet sind und sie durch unzählige Sau-
cenvielfalt immer wieder anders schmecken.
Suchen Sie sich Ihre Lieblingssauce aus, es ist
für jeden Geschmack eine dabei. Natürlich
können Sie auch selbst kreativ sein.
Wie wär's mal mit einer Spaghettiparty?
Einfach ein paar verschiedene Saucen
zubereiten und natürlich jede Menge
Spaghetti.

Spaghetti mit Pesto

Das Pesto hält sich verschlossen und kühl bis zu 3 Wochen (auch Titelbild).

Klassisch

Zutaten für 4 Personen:
4–5 Bund Basilikum (etwa 220 g)
3 Knoblauchzehen
3 Eßl. Pinienkerne
100 g Pecorino oder Parmesan, frisch gerieben
200 ml Olivenöl
Salz
schwarzer Pfeffer, frisch gemahlen
400 g Spaghetti

• Zubereitungszeit: etwa 25 Minuten

Pro Portion: 2995 kJ/715 kcal

1

Das Basilikum waschen und abtropfen lassen. Die Blätter abzupfen (Seite 34) und trockentupfen. Die Knoblauchzehen schälen.

2

Die Basilikumblätter mit dem Knoblauch und den Pinienkernen in den Mixer oder in den elektrischen Zerhacker geben. Alles zu einer cremigen Masse verarbeiten und in eine Schüssel füllen (Seite 34).

3

Den Pecorino oder den Parmesan untermischen. Vom Olivenöl tropfenweise immer soviel unterrühren, wie von den Zutaten aufgenommen wird; es soll sich alles zu einer cremigen Sauce verbinden. Dann mit Salz und Pfeffer kräftig würzen (Seite 34).

4

Reichlich Salzwasser aufkochen, die Spaghetti darin in etwa 8 Minuten »al dente« (Seite 18) kochen. Von dem heißen Nudelwasser etwa 3 Eßlöffel abnehmen und unter die Sauce rühren. Die Spaghetti abgießen, abtropfen lassen und mit dem Pesto in einer vorgewärmten Schüssel (Seite 19) mischen (Seite 18).

Spaghetti mit Gorgonzolasauce

Ein Klassiker, zu dem ein knackiger Blattsalat hervorragend paßt.

Gelingt leicht

Zutaten für 4 Personen:
Salz
400 g Spaghetti
250 g Sahne
250 g Gorgonzola
Salz
schwarzer Pfeffer, frisch gemahlen
1 Prise Muskatnuß, frisch gerieben
1 Bund Petersilie

• Zubereitungszeit: etwa 15 Minuten

Pro Person etwa: 1745 kJ/760 kcal

1

Reichlich Salzwasser aufkochen und die Spaghetti darin in etwa 8 Minuten »al dente« garen (Seite 18).

2

Währenddessen die Sahne in eine Kasserolle gießen und bei schwacher Hitze erwärmen.

3

Den Gorgonzola auf einen Teller legen und mit einer Gabel gleichmäßig zerdrücken. Zu der Sahne geben und bei schwacher Hitze mit dem Schneebesen rühren, bis sich der Käse ganz aufgelöst und mit der Sahne verbunden hat. Die Sauce mit Salz, Pfeffer und Muskat abschmecken.

4

Die Petersilie abbrausen, die Blättchen fein hacken und bis auf einen Rest unter die Gorgonzolasauce rühren.

5

Die Spaghetti in ein Sieb schütten und gut abtropfen lassen. Dann in eine vorgewärmte Schüssel (Seite 19) geben. Die Gorgonzolasauce dazugeben und alles gut mischen (Seite 18). Die restliche Petersilie darüber streuen und die Spaghetti sofort servieren.

Spaghetti Carbonara

Zu der Sauce mit Speck und Eiern paßt gut ein Tomatensalat mit Zwiebeln.

Herzhaft

Zutaten für 4 Personen:
400 g Spaghetti
Salz
200 g durchwachsener Speck
1 Eßl. Öl
4 sehr frische Eier
5 Eßl. Sahne
100 g Parmesan oder Pecorino, frisch gerieben
schwarzer Pfeffer, frisch gemahlen

• Zubereitungszeit: etwa 20 Minuten

Pro Person etwa: 3670 kJ/880 kcal

1

Reichlich Salzwasser aufkochen und die Spaghetti darin in etwa 8 Minuten »al dente« garen (Seite 18).

2

Inzwischen den Speck von der Schwarte befreien und klein würfeln. In einer großen Pfanne mit hohem Rand das Öl erhitzen und die Speckwürfel darin bei mittlerer Hitze ausbraten.

3

Die Eier in eine große Schüssel aufschlagen und mit der Sahne verquirlen. Den geriebenen Käse mit dem Schneebesen unterrühren, mit Pfeffer würzen.

4

Die Spaghetti in ein Sieb abgießen und gut abtropfen lassen (Seite 18).

5

Die Spaghetti und den Speck unter die Eier-Käse-Mischung rühren. Die Spaghetti sollen von der Sauce umgeben sein und die Eier an den Nudeln etwas anstocken. Die Spaghetti sofort servieren. Zum Nachwürzen eine Pfeffermühle mit auf den Tisch stellen.

Wenn Eier nicht ganz durchgegart werden, ist es besonders wichtig, legefrische Eier zu verwenden. Das reduziert die Gefahr einer Salmonelleninfektion.

Spaghetti Bolognese

Die Fleischsauce ist bei Kindern der absolute Favorit.

Braucht etwas Zeit

Zutaten für 4 Personen:
50 g durchwachsener Räucherspeck
1 Zwiebel
1 Möhre
2 Stangen Bleichsellerie
1 Eßl. Olivenöl
2 Knoblauchzehen
400 g gemischtes Hackfleisch
250 g passierte Tomaten
1 Lorbeerblatt
1 Nelke
1 Zweig frischer Thymian oder 1 Eßl. getrockneter
Salz
schwarzer Pfeffer, frisch gemahlen
400 g Spaghetti
2 Eßl. Butter
4 Eßl. Parmesan, frisch gerieben

• Zubereitungszeit: etwa 50 Minuten

Pro Person etwa: 3495 kJ/835 kcal

1

Den Speck von der Schwarte befreien und klein würfeln. Die Zwiebel schälen und fein hacken (Seite 19).

2

Die Möhre schälen und auf der Gemüsereibe grob raspeln. Den Bleichsellerie waschen und in dünne Scheibchen schneiden.

3

Das Olivenöl in einem breiten Topf erhitzen und den Speck darin bei mittlerer Hitze anbraten. Die Zwiebel hinzufügen und mitdünsten, bis sie glasig ist. Den Knoblauch schälen und dazupressen. Die Möhre und den Sellerie dazugeben und kurz mitdünsten.

4

Das Hackfleisch hinzufügen und unter Rühren kräftig anbraten, bis es krümelig ist. Die passierten Tomaten unterrühren, Lorbeerblatt, Nelke und Thymian einlegen, salzen und pfeffern und im halb geschlossenen Topf bei mittlerer Hitze etwa 25 Minuten köcheln lassen.

5

Inzwischen die Spaghetti in reichlich kochendem Salzwasser in etwa 8 Minuten »al dente« kochen (Seite 18).

6

Die Sauce abschmecken, Lorbeerblatt und eventuell Thymianzweig herausnehmen. Die Spaghetti abgießen und in eine vorgewärmte Schüssel füllen (Seite 19). Die Butter und den Parmesan untermischen. Die Sauce Bolognaise dazugeben, alles nochmal mischen und sofort servieren (Seite 18).

Spaghetti mit Austernpilzsauce

Anstelle der Austernpilze können Sie auch Champignons verwenden.

Raffiniert • Für Gäste

Zutaten für 4 Personen:
400 g Austernpilze
1 Zucchino (etwa 150 g)
1 Zwiebel
2 Knoblauchzehen
2 Eßl. Öl
Salz
schwarzer Pfeffer, frisch gemahlen
250 g Sahne
400 g Spaghetti
1 Bund Basilikum
Zitronensaft
nach Belieben frisch geriebener
Parmesan

• Zubereitungszeit: etwa 35 Minuten

Pro Person etwa: 2530 kJ/605 kcal

1

Die Austernpilze trennen, nach Bedarf putzen, in ein Sieb geben und unter fließendem Wasser abbrausen. Etwas trockentupfen und in schmale Streifen schneiden. Den Zucchino waschen, vom Stielansatz befreien und auf einer Gemüsereibe grob raspeln. Die Zwiebel und den Knoblauch schälen, die Zwiebel fein hacken (Seite 19).

2

In einer breiten Pfanne mit hohem Rand 1 Eßlöffel Öl erhitzen. Die Hälfte der Pilze darin bei mittlerer Hitze etwa 5 Minuten anbraten, herausnehmen und warm stellen. Das restliche Öl in die Pfanne geben und die übrigen Austernpilze ebenfalls anbraten und herausnehmen.

3

Die Zwiebelwürfel im verbliebenen Bratfett bei schwacher Hitze andünsten, den Knoblauch dazupressen. Die Zucchiniraspel untermischen und bei schwacher Hitze etwa 3 Minuten dünsten. Die Sahne angießen und aufkochen lassen. Die Austernpilze dazugeben und alles zugedeckt bei schwacher Hitze etwa 10 Minuten köcheln lassen.

4

Inzwischen reichlich Salzwasser aufkochen und die Spaghetti darin in etwa 8 Minuten »al dente« kochen (Seite 18). Basilikum waschen und die Blättchen in schmale Streifen schneiden.

5

Die Austernpilzsauce mit Zitronensaft, Salz und Pfeffer kräftig abschmecken. Das Basilikum unterrühren und die Sauce in eine vorgewärmte Schüssel (Seite 19) füllen. Die Spaghetti abgießen, dazugeben, durchmischen und sofort servieren (Seite 18). Nach Belieben frisch geriebenen Parmesan dazu reichen.

Spaghetti mit Tomatensauce

Die beliebte Sauce schmeckt mit reifen Freilandtomaten besonders gut.

Braucht etwas Zeit

Zutaten für 4 Personen:
1 mittelgroße Möhre
1 Stange Bleichsellerie
1 große Zwiebel
2 Knoblauchzehen
1 kg reife aromatische Fleischtomaten (ersatzweise 1 große Dose Tomaten, 800 g)
2 Eßl. Olivenöl • 3 Eßl. Tomatenmark
1 Lorbeerblatt
1 Teel. Oregano, frisch oder getrocknet
Salz
schwarzer Pfeffer, frisch gemahlen
400 g Spaghetti
1 Bund Basilikum
nach Belieben frisch geriebener Parmesan

• Zubereitungszeit: etwa 1 Stunde

Pro Person etwa: 1860 kJ/445 kcal

1

Die Möhre schälen, waschen und auf der Gemüsereibe grob raspeln. Den Bleichsellerie putzen, waschen und in dünne Scheiben schneiden. Die Zwiebel schälen und fein hacken (Seite 19). Den Knoblauch schälen.

2

Die Tomaten überbrühen, häuten, entkernen und grob in Stücke schneiden (Seite 35).

3

In einem breiten Topf das Olivenöl erhitzen. Die Zwiebel darin andünsten, die Möhrenraspel und den Sellerie dazugeben. Den Knoblauch darüber pressen und alles bei mittlerer Hitze etwa 5 Minuten dünsten, dabei ab und zu umrühren.

4

Das Tomatenmark unterrühren. Die Tomaten dazugeben, das Lorbeerblatt einlegen, mit dem Oregano, Salz und Pfeffer würzen. Alles zugedeckt bei schwacher Hitze etwa 30 Minuten köcheln lassen.

5

Die Spaghetti in reichlich kochendem Salzwasser in etwa 8 Minuten »al dente« garen (Seite 18). Das Basilikum abbrausen, die Blättchen abzupfen und in schmale Streifen schneiden.

6

Die Tomatensauce abschmecken und, falls nötig, nachwürzen. Das Lorbeerblatt herausnehmen und wegwerfen. Das Basilikum unterrühren. Die Spaghetti in ein Sieb schütten, gut abtropfen lassen und mit der Tomatensauce in einer vorgewärmten Schüssel (Seite 19) mischen. Sofort servieren (Seite 18). Nach Belieben Parmesan dazu reichen.

Spaghetti mit Schafkäse und Paprika

Eine etwas ausgefallene Sauce, die an Griechenland erinnert.

Raffiniert

Zutaten für 4 Personen:
4 Frühlingszwiebeln
3 Knoblauchzehen
1 große, rote Paprikaschote
2 Eßl. Butter
1/4 l Gemüsebrühe
300 g griechischer Schafkäse
Salz
weißer Pfeffer, frisch gemahlen
1/2 Teel. Thymian
400 g Spaghetti
50 g schwarze, entsteinte Oliven
Zitronensaft

• Zubereitungszeit: etwa 30 Minuten

Pro Person etwa: 3160 kJ/755 kcal

1

Die Frühlingszwiebeln putzen, waschen und in schmale Ringe schneiden. Den Knoblauch schälen. Die Paprikaschote halbieren, die Kerne und Trennwände entfernen, die Paprikaschote waschen und in sehr kleine Würfel schneiden.

2

In einer Kasserolle die Butter schmelzen. Frühlingszwiebeln und Paprikawürfel darin bei schwacher Hitze etwa 3 Minuten dünsten, dann herausnehmen.

3

Den Knoblauch in das verbliebene Fett pressen und bei schwacher Hitze kurz andünsten. Mit der Gemüsebrühe ablöschen und aufkochen lassen.

4

Den Schafkäse zerbröckeln und in die Brühe geben. Mit dem Pürierstab durchmixen, bis eine leicht cremige Sauce entstanden ist. Mit Salz, Pfeffer und Thymian würzen und etwa 10 Minuten bei schwacher Hitze offen köcheln lassen.

5

Inzwischen reichlich Salzwasser aufkochen und die Spaghetti darin in etwa 8 Minuten »al dente« garen (Seite 18). Die Frühlingszwiebeln und Paprikawürfel mit den Oliven in die Sauce geben und erwärmen. Die Sauce mit Salz, Pfeffer und Zitronensaft abschmecken. Die Spaghetti abgießen (Seite 18), auf vier vorgewärmten Tellern (Seite 19) anrichten und die Schafkäsesauce darauf verteilen.

Spaghetti kochen

1 In einem großen Topf pro 100 g Spaghetti 1 l Wasser aufkochen lassen und salzen.

3 Die Spaghetti in ein Sieb schütten und gut abtropfen lassen.

2 Die Spaghetti hineingeben und offen sprudelnd nach Angaben des Herstellers kochen. Überprüfen, ob sie »al dente« (bißfest) sind.

4 In einer vorgewärmten Schüssel die Spaghetti mit der Sauce mischen und sofort servieren.

Zwiebel schneiden

1 Die geschälte Zwiebel längs halbieren. Erst senkrecht, dann waagerecht bis kurz vors Wurzelende einschneiden.

2 Die Hälfte dann senkrecht in dünne Scheiben schneiden, sie zerfallen zu Würfeln.

Schüssel vorwärmen

1 Nudeln werden nicht so schnell kalt, wenn Sie sie in einer vorgewärmten Schüssel anrichten. Dazu die Schüssel bei 50° in den Backofen stellen.

2 So wird sie auch heiß: Das Spülbecken oder eine größere Schüssel mit ganz heißem Wasser füllen und die Schüssel etwa 10 Minuten hineinsetzen.

Spaghetti mit Lachs-Sahne-Sauce

Ein edles Gericht, das sich besonders für festliche Anlässe anbietet.

Gelingt leicht • Etwas teurer

Zutaten für 4 Personen:
400 g frischer Lachs am Stück
3 Eßl. Zitronensaft
Salz
weißer Pfeffer, frisch gemahlen
3 Schalotten oder 1 mittelgroße
Zwiebel
1 Handvoll Kerbel
2 Eßl. Butter
1/8 l Weißwein oder Fischfond
250 g Sahne
400 g Spaghetti
Muskatnuß, frisch gerieben

• Zubereitungszeit: etwa 25 Minuten

Pro Person etwa: 3460 kJ/830 kcal

1

Den Lachs, falls nötig, von der Haut und der dicken Mittelgräte befreien und in Würfel von etwa 1 cm Kantenlänge schneiden. Die Lachswürfel auf eine Platte legen, mit dem Zitronensaft beträufeln, salzen, pfeffern und zugedeckt in den Kühlschrank stellen.

2

Die Schalotten oder die Zwiebel schälen und fein hacken (Seite 19). Den Kerbel waschen, die Blättchen abzupfen und einige für die Garnitur beiseite legen, die restlichen fein hacken.

3

Inzwischen reichlich Salzwasser aufkochen lassen und die Spaghetti darin in etwa 8 Minuten »al dente« garen. In ein Sieb gießen und gut abtropfen lassen (Seite 18).

4

Die Butter in einem Topf erhitzen und die Zwiebelwürfel darin bei schwacher Hitze etwa 5 Minuten andünsten. Ein Drittel des Kerbels dazugeben und kurz mitdünsten.

5

Mit dem Weißwein oder Fischfond ablöschen, die Sahne dazugießen, alles aufkochen und im geöffneten Topf um etwa ein Drittel einkochen lassen. Die Sauce im Mixer oder mit dem Pürierstab pürieren, mit Salz, Pfeffer und Muskat abschmecken.

6

Die marinierten Fischwürfel in die Sauce einlegen und 1–2 Minuten bei schwacher Hitze zugedeckt gar ziehen, aber nicht mehr kochen lassen. Den restlichen Kerbel in die Sauce streuen. Die Spaghetti abgießen, in einer vorgewärmten Schüssel (Seite 19) mit der Sauce mischen und sofort servieren (Seite 18). Oder die Sauce getrennt servieren.

Spaghetti mit Zwiebel-Salbei-Sauce

Köstlich mit frischem Salbei, aber auch mit anderen frischen Kräutern.

Preiswert • Gelingt leicht

Zutaten für 4 Personen:
350 g Zwiebeln
8 frische Salbeiblättchen
3 Eßl. Butter
100 ml trockener Weißwein oder Fleischbrühe
250 g Sahne
Salz
weißer Pfeffer, frisch gemahlen
400 g Spaghetti

• Zubereitungszeit: etwa 30 Minuten

Pro Person etwa: 2800 kJ/670 kcal

1

Die Zwiebeln schälen und nicht zu fein hacken (Seite 19). Die Salbeiblätter abbrausen, abtrocknen und in feine Streifen schneiden.

2

Die Butter in einer breiten Pfanne erhitzen und die Zwiebelwürfel darin bei mittlerer Hitze unter Rühren etwa 5 Minuten weich dünsten. Dann bei starker Hitze leicht anbräunen.

3

Mit dem Weißwein oder der Brühe ablöschen und offen etwa 5 Minuten köcheln lassen, bis die Hälfte der Flüssigkeit verdampft ist. Den Pfanneninhalt mit dem Pürierstab pürieren und in einen kleinen Topf füllen.

4

Die Sahne zu der Zwiebelmasse gießen und aufkochen lassen. Die Hälfte der Salbeiblätter einstreuen, mit Salz und Pfeffer würzen. Die Sauce offen bei schwacher Hitze etwa 5 Minuten köcheln lassen. Abschmecken und, falls nötig, nachwürzen.

5

Die Spaghetti in reichlich kochendem Salzwasser »al dente« garen, abgießen und in einem Sieb gut abtropfen lassen (Seite 18).

6

Die Spaghetti mit der Zwiebelsauce in einer vorgewärmten Schüssel (Seite 19) mischen, mit den restlichen Salbeiblättchen bestreuen und gleich servieren (Seite 18).

Spaghetti mit kalter Thunfischsauce

Diese Sauce läßt sich gut vorbereiten und sollte kalt gestellt werden.

Erfrischend

Zutaten für 4 Personen:
3 Dosen Thunfisch im eigenen Saft
(je 150 g Abtropfgewicht) aus delphinfreundlichem Fang
1–2 Eßl. Zitronensaft
2 sehr frische Eigelb
1/8 l Olivenöl
2 Eßl. kleine Kapern
1 Teel. mittelscharfer Senf
Salz
schwarzer Pfeffer, frisch gemahlen
400 g Spaghetti
2 Zweige Zitronenmelisse zum Garnieren

• Zubereitungszeit: etwa 20 Minuten

Pro Person etwa: 3900 kJ/930 kcal

1

Den Thunfisch in einem Sieb gut abtropfen lassen. Ein Drittel des Thunfischfleisches mit dem Zitronensaft im Mixer pürieren. Den restlichen Thunfisch mit zwei Gabeln fein zerpflücken.

2

Die Eigelbe in einer Schüssel leicht verrühren. Das Öl in ganz dünnem Strahl dazufließen lassen, dabei mit den Quirlen des Handrührgeräts ständig rühren, bis eine cremige Mayonnaise entstanden ist.

3

Das Thunfischpüree und das Thunfischfleisch mit der Mayonnaise mischen. Die Kapern und den Senf unterrühren und die Sauce mit Salz und Pfeffer kräftig würzen. Bis zum Servieren kalt stellen.

4

Reichlich Salzwasser zum Kochen bringen und die Spaghetti darin in etwa 8 Minuten »al dente« garen. Dann abgießen und in einer vorgewärmten Schüssel (Seite 19) mit der Sauce mischen (Seite 18). Mit der Zitronenmelisse garnieren.

Spaghetti mit Scampi und Spinat

Dieses Gericht sieht attraktiv aus und schmeckt wirklich köstlich.

Etwas teurer

Zutaten für 4 Personen:
350 g geschälte und gegarte Scampi
3 Eßl. Olivenöl
Saft von 1 Zitrone
3 Knoblauchzehen
Salz
schwarzer Pfeffer, frisch gemahlen
400 g frischer Spinat oder 300 g tiefge-
kühlter Blattspinat
3 Eßl. Butter
Muskatnuß, frisch gerieben
400 g Spaghetti

• Zubereitungszeit: etwa 45 Minuten

Pro Person etwa: 2430 kJ/580 kcal

1

Die Scampi nebeneinander auf eine Platte oder in einen tiefen Teller legen. Das Olivenöl mit dem Zitronensaft in einer kleinen Schüssel verrühren. Die Knoblauchzehen schälen und 2 in die Marinade pressen. Mit Salz und Pfeffer kräftig würzen, über die Scampi gießen, gut durchmischen und die Scampi zugedeckt etwa 30 Minuten ziehen lassen.

2

Inzwischen reichlich Salzwasser zum Kochen bringen. Den Spinat verlesen, waschen und abtropfen lassen. Tiefgekühlten Spinat auftauen lassen.

3

2 Eßlöffel Butter in einem Topf zerlassen, den Spinat hineingeben und etwa 5 Minuten dünsten (tiefgekühlten etwas länger). Die restliche Knoblauchzehe dazupressen und den Spinat im Topf grob hacken. Mit Salz, Pfeffer und Muskat abschmecken.

4

Die Spaghetti im kochenden Salzwasser in etwa 8 Minuten »al dente« garen (Seite 18).

5

Die Scampi aus der Marinade nehmen. Die restliche Butter in einer Pfanne erhitzen und die Scampi darin bei mittlerer Hitze etwa 2 Minuten erhitzen.

6

Die Spaghetti abgießen, abtropfen lassen und in einer großen vorgewärmten Schüssel (Seite 19) mit dem Spinat und den Scampi mischen (Seite 18).

Spaghetti mit Öl-Knoblauch-Sauce

Das Olivenöl für die Sauce sollte von hervorragender Qualität sein.

Schnell • Aus dem Vorrat

Zutaten für 4 Personen:
Salz
400 g Spaghetti
6 Knoblauchzehen
1 getrocknete Chilischote
1 Bund Petersilie
1/8 l Olivenöl
schwarzer Pfeffer, frisch gemahlen

• Zubereitungszeit: etwa 15 Minuten

Pro Person etwa: 2625 kJ/630 kcal

1

Die Spaghetti in reichlich kochendem Salzwasser in etwa 8 Minuten »al dente« kochen (Seite 18).

2

Inzwischen den Knoblauch schälen und in dünne Scheiben schneiden. Die Chilischote entkernen und zerbröckeln. Die Petersilie abbrausen, die Blättchen abzupfen und fein hacken.

3

Das Olivenöl in einem kleinen Topf erhitzen und den Knoblauch darin goldgelb braten (nicht zu dunkel rösten, damit er nicht bitter wird). Den Chili unterrühren. Wer es nicht so scharf mag, gibt die Chilischote im ganzen in das Öl und entfernt sie vor dem Servieren.

4

Zum Schluß die gehackte Petersilie unterrühren und kräftig mit Pfeffer würzen.

5

Die Spaghetti in ein Sieb abgießen und abtropfen lassen. In eine große vorgewärmte Schüssel (Seite 19) geben, die Öl-Knoblauch-Sauce darüber gießen und gut mischen (Seite 18). Sofort servieren.

Spaghetti mit Kalbfleisch und Rucola

Rucola ist ein Würzkraut, das auch als Salat sehr gut schmeckt.

Für Gäste

Zutaten für 4 Personen:
1 Zwiebel
1 Möhre
250 g Champignons
2 Eßl. Olivenöl
400 g Spaghetti
Salz
350 g Kalbfleisch (vom Metzger durchdrehen lassen)
schwarzer Pfeffer, frisch gemahlen
1 Teel. abgeriebene Schale einer unbehandelten Zitrone
6 Eßl. Marsala, anderer Süßwein oder Fleischbrühe
200 ml Fleischbrühe
200 g Sahne
1 Bund Rucola (Rauke; ersatzweise 2 Bund Petersilie)

• Zubereitungszeit: etwa 40 Minuten

Pro Person etwa: 2980 kJ/710 kcal

1

Die Zwiebel schälen und fein hacken (Seite 19). Die Möhre schälen, waschen und in winzig kleine Würfel schneiden. Die Champignons putzen, kurz abbrausen und blättrig schneiden.

2

Das Olivenöl in einem Topf erhitzen, die Zwiebel und die Möhre darin bei schwacher Hitze etwa 6 Minuten dünsten. Die Champignons hinzufügen und weiterdünsten, bis fast alle Flüssigkeit verdampft ist.

3

Reichlich Salzwasser zum Kochen bringen und die Spaghetti darin in etwa 8 Minuten »al dente« garen (Seite 18).

4

Währenddessen das Kalbfleisch zum Gemüse geben und bei mittlerer Hitze etwa 5 Minuten garen. Mit Salz, Pfeffer und der Zitronenschale würzen. Mit dem Marsala oder der Brühe ablöschen. Die Fleischbrühe und die Sahne angießen, aufkochen und alles weitere 10 Minuten köcheln lassen.

5

Inzwischen die Rucola abbrausen, in schmale Streifen schneiden und bis auf 1 Eßlöffel in die Sauce geben. Die Spaghetti in ein Sieb abgießen, gut abtropfen lassen, in eine vorgewärmte Schüssel (Seite 19) füllen und mit der Kalbfleischsauce mischen (Seite 18). Mit der restlichen Rucola bestreuen.

Spaghetti mit Gemüse-Käse-Sauce

Die milde Sauce wird durch den Schinken ein bißchen herzhafter.

Gelingt leicht

Zutaten für 4 Personen:
200 g Möhren
2 dünne Stangen Lauch (etwa 300 g)
1 Knoblauchzehe
100 g gekochter Schinken in dünnen Scheiben
Salz
400 g Spaghetti
2 Eßl. Butter
1/8 l Fleischbrühe
250 g Sahne
50 g Parmesan, frisch gerieben
schwarzer Pfeffer, frisch gemahlen
Muskatnuß, frisch gerieben

• Zubereitungszeit: etwa 35 Minuten

Pro Person etwa: 3025 kJ/725 kcal

1

Die Möhren schälen, waschen und auf der Küchenreibe grob raspeln. Den Lauch längs aufschlitzen, gründlich ausspülen und in schmale Ringe schneiden. Den Knoblauch schälen. Den Schinken vom Fettrand befreien, längs halbieren und in Streifen schneiden.

2

Reichlich Salzwasser zum Kochen bringen und die Spaghetti darin in etwa 8 Minuten »al dente« garen (Seite 18).

3

Inzwischen die Butter in einem Topf erhitzen, Möhren und Lauch darin bei mittlerer Hitze etwa 6 Minuten dünsten. Den Knoblauch dazupressen und unterrühren. Mit der Fleischbrühe ablöschen, die Sahne angießen und alles aufkochen lassen.

4

Den Käse und die Schinkenstreifen in die Sauce rühren, mit Salz, Pfeffer und Muskat würzen und alles etwa 5 Minuten offen bei schwacher Hitze köcheln lassen.

5

Die Spaghetti in ein Sieb abgießen und gut abtropfen lassen. In einer vorgewärmten Schüssel (Seite 19) mit der Gemüsesauce mischen (Seite 18).

Pesto zubereiten

1 Das Basilikum abbrausen und trockentupfen. Die Blätter von den Stielen zupfen.

3 Den geriebenen Käse unter die Paste mischen. Anfänger und Eilige können die Masse kurz im Mixer mischen, sonst besser in einer Schüssel.

2 Basilikumblätter, Pinienkerne und Knoblauchzehen in den Mixer geben und zu einer cremigen Paste verarbeiten.

4 Das Olivenöl langsam untermixen, so daß es von den übrigen Zutaten gut aufgenommen wird. Mit Salz und Pfeffer würzen.